아이가 주인공인 책

아이는 스스로 생각하고 성장합니다.
아이를 존중하고 가능성을 믿을 때
새로운 문제들을 스스로 해결해 나갈 수 있습니다.

〈기적의 학습서〉는 아이가 주인공인 책입니다.
탄탄한 실력을 만드는 체계적인 학습법으로
아이의 공부 자신감을 높여 줍니다.

가능성과 꿈을 응원해 주세요.
아이가 주인공인 분위기를 만들어 주고,
작은 노력과 땀방울에 큰 박수를 보내 주세요.
〈기적의 학습서〉가 자녀 교육에 힘이 되겠습니다.

이중자음 & 이중모음

bl
[블]

cl
[클]

pl
[플]

sl
[슬]

br
[브르]

cr
[크르]

gr
[그르]

tr
[트르]

ch
[취]

sh
[쉬]

ck
[크]

nd
[ㄴ드]

nt
[ㄴ트]

th
[쓰]

ai
[에이]

ay
[에이]

ea
[이~]

ee
[이~]

ou
[아우]

ow
[아우]

er
[어얼]

ir
[어얼]

ur
[어얼]

oi
[오이]

oy
[오이]

oo
[우~]

학습 계획표

공부한 날의 날짜를 기록해 보세요.

Unit 1	bl, cl, pl, sl	Sleeping Like a Sloth	월 일
Unit 2	br, cr, gr, tr	The Prince's Trip	월 일
Unit 3	ch, sh	Chase, Chase, Chase!	월 일
Unit 4	ck	The Black Duck Is Sick	월 일
Unit 5	nd, nt	Let's Find Ants	월 일
Unit 6	th	Beth Hates Moths	월 일
Unit 7	ai, ay	The Fast Snail	월 일
Unit 8	ea, ee	A Sheep Eats a Lot of Food	월 일
Unit 9	ou, ow	A Mouse on a Mountain	월 일
Unit 10	er, ir, ur	The Girl and the Purple Bird	월 일
Unit 11	oi, oy	The Boy's Coin	월 일
Unit 12	oo	The Rooster's Magic Broom	월 일

파닉스를 마스터하고 리딩으로 넘어가는

기적의 파닉스 리딩

문단열, 이지영 지음

3 이중자음
이중모음

길벗스쿨

저자 문단열

영어 교육 전문가이자 즐기며 배우는 에듀테인먼트의 선구자. 재미와 학습을 결합한 영어 교육법으로 강의와 교재를 지속적으로 연구하고 집필 중이다. 지루하고 어려운 공부가 아닌 재미있고 즐거운 영어 공부를 만드는 선생님만의 학습법을 반영해 이 책을 집필하였다.

저서　《파닉스 무작정 따라하기(개정판)》 길벗스쿨
　　　　《초등 필수 영문법 무작정 따라하기》 길벗스쿨 등

저자 이지영

한양대학교 대학원 영어학과를 졸업. 음성·언어인지과학연구소에서의 연구를 토대로 유익한 교재를 연구하고 어휘와 문법 강의를 개발하고 있다. 파닉스 규칙을 확실히 다지도록 해 아이들에게 영어를 읽고 말하는 자신감을 심어줄 수 있기를 바라며 이 책을 집필하였다.

기적의 파닉스 리딩 3
Miracle Series – Phonics Reading 3

초판 발행 · 2020년 2월 27일
초판 14쇄 발행 · 2023년 11월 17일

지은이 · 문단열, 이지영
발행인 · 이종원
발행처 · 길벗스쿨
출판사 등록일 · 2006년 7월 1일 | **주소** · 서울시 마포구 월드컵로 10길 56(서교동)
대표 전화 · 02)332-0931 | **팩스** · 02)323-0586
홈페이지 · www.gilbutschool.co.kr | **이메일** · gilbut@gilbut.co.kr

기획 및 책임 편집 · 이경희, 김소이(soykim@gilbut.co.kr) | **디자인** · 신세진 | **제작** · 김우식
영업마케팅 · 김진성, 문세연, 박선경, 박다슬 | **웹마케팅** · 박달님, 권은나, 이재윤
영업관리 · 정경화 | **독자지원** · 윤정아, 전희수

편집진행 및 전산편집 · 기본기획 | **표지삽화** · 박혜연 | **본문삽화** · 강유리, 유정연 | **영문 감수** · Ryan P. Lagace
인쇄 · 교보피앤비 | **제본** · 경문제책 | **녹음** · YR미디어

ISBN 979-11-6406-589-9 64740 (길벗 도서번호 30582)
　　　979-11-6406-586-8 64740 (세트)

정가 15,000원

독자의 1초까지 아껴주는 길벗출판사
(주)도서출판 길벗 | IT교육서, IT단행본, 경제경영서, 어학&실용서, 인문교양서, 자녀교육서
www.gilbut.co.kr
길벗스쿨 | 국어학습서, 수학학습서, 유아학습서, 어학학습서, 어린이교양서, 학습단행본
www.gilbutschool.co.kr

길벗스쿨 공식 카페 〈기적의 공부방〉 · cafe.naver.com/gilbutschool
인스타그램 / 카카오플러스친구 · @gilbutschool

제품명 : 기적의 파닉스 리딩 3
제조사명 : 길벗스쿨
제조국명 : 대한민국
전화번호 : 02-332-0931
주　소 : 서울시 마포구 월드컵로
　　　　　10길 56 (서교동)
제조년월 : 판권에 별도 표기
사용연령 : 7세 이상
KC마크는 이 제품이 공통안전기준에
적합하였음을 의미합니다.

스토리 읽기로
파닉스는 탄탄하게! 리딩은 자신 있게!

우리 아이들이 영어에 재미를 붙였다 싶다가도 파닉스를 시작하면 흥미를 잃는 경우가 많습니다. 우리말은 자음과 모음을 알면 단어를 쉽게 읽을 수 있지만, 영어는 알파벳을 다 알아도 단어를 읽기 어렵기 때문입니다. 그래서 파닉스를 탄탄하게 다지는 것이 영어 공부의 시작이자, 앞으로 아이들이 영어를 어려운 공식처럼 공부할지 자신 있고 신나게 공부할지를 결정하는 요소가 됩니다.

파닉스 스토리로 파닉스 확실히 마스터!

이 책의 스토리들은 파닉스 단어들을 반복 등장하도록 설계하여 목표 음가를 집중 연습할 수 있게 구성하였습니다. 이야기를 읽는 동안 단어를 여러 번 눈으로 보고 귀로 듣기 때문에 자연스럽게 목표 음가를 익힐 수 있습니다. 스토리를 읽고 난 후에는 단어 쓰기, 문장 완성하기 등의 다양한 유형의 문제를 담아 파닉스 규칙을 확실하게 다지기할 수 있도록 하였습니다. 다른 그림 찾기와 빠진 조각 찾기 등의 흥미로운 액티비티도 추가하여 학습의 재미를 더해줍니다.

영어 자신감을 키워주는 즐거운 스토리 리딩!

《기적의 파닉스 리딩》은 장면 1개에 문장 1~2개로 구성한 리더스 1단계 수준의 스토리를 모았습니다. 쉽고 재미있는 여덟 장면의 스토리를 읽으면서 "영어 리딩 나도 할 수 있겠다"라고 리딩에 재미를 느끼고 자신감을 키울 수 있을 것입니다. 시선을 사로잡는 흥미로운 삽화는 아이들이 스스로 끝까지 이야기를 읽을 수 있도록 도와줍니다.

이 책은 아이들이 스토리 리딩을 통해 파닉스를 확실히 떼고 리딩으로 점프할 수 있도록 기획되었습니다. 아이들이 영어를 자신 있게 소리 내어 말하고, 신나게 공부할 수 있기를 바랍니다.

저자 문단열, 이지영

차례

기적의 파닉스 리딩 특징

1 파닉스를 완벽히 마스터!

알파벳 26자의 기초 음가부터 이중자음, 이중모음까지 파닉스 전반의 학습을 다지기 합니다. 어렴풋이 알던 파닉스 규칙을 스토리 리딩과 다양한 유형의 연습문제를 통해 확실하게 깨치게 됩니다.

2 신나는 챈트와 흥미로운 스토리 삽화!

신나는 챈트 리듬에 파닉스 단어를 실어 지루하지 않게 듣고 따라 외칠 수 있습니다. 흥미로운 삽화는 내용의 이해를 도우며 아이들 스스로 이야기를 끝까지 읽어갈 수 있는 힘을 줍니다.

3 리딩 자신감을 주는 쉬운 문장!

리더스 1단계 수준의 쉽고 재미있는 이야기를 담았습니다. 쉬운 문장 구조와 익숙한 파닉스 단어를 반복 접하면서 긴 문장도 술술 읽을 수 있다는 자신감을 갖게 됩니다.

단계 안내

     >>

〈기적의 파닉스〉(전 3권)
파닉스를 시작하는 7세 ~ 초등 1학년

〈기적의 파닉스 리딩〉(전 3권)
파닉스를 마스터하려는 초등 저학년

1권 알파벳 음가
2권 단모음, 장모음
3권 이중자음, 이중모음

Phonics Words

챈트를 들으며 큰 소리로 따라 읽어보세요. 이중자음과 이중모음이 들어간 단어를 8개씩 학습합니다. 단어에 표시된 철자의 음가에 주의하며 여러 번 반복해서 들어보세요. 우리말 줄거리를 읽고 등장인물과 상황을 떠올리면서 읽어도 좋아요.

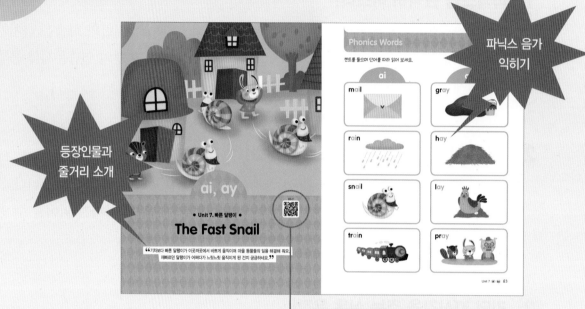

파닉스 음가 익히기

등장인물과 줄거리 소개

스마트폰을 이용해 QR코드를 찍어 MP3 파일을 간편하게 들어보세요.

Story Reading

장면 1개에 문장 1~2개로 구성한 리더스 1단계 수준의 쉽고 재미있는 이야기를 읽어보세요. 원어민의 음성을 집중해서 듣고 익숙해졌다 싶으면 3회 이상 큰 소리로 읽어보세요. 이 책의 이야기를 다 읽고 나면 파닉스 음가를 저절로 익히고 영어 리딩에도 자신감이 생기게 됩니다.

파닉스 단어에 집중하며 스토리 읽기

Review

앞에서 익힌 단어들을 다시 떠올리면서 단어 연결하기, 소리 듣고 단어 완성하기, 문장 완성하기 등의 연습문제를 풀어요. 단어뿐 아니라 스토리 문장까지 복습하여 파닉스 음가를 다시 한 번 점검하고 확실하게 다지기 할 수 있어요.

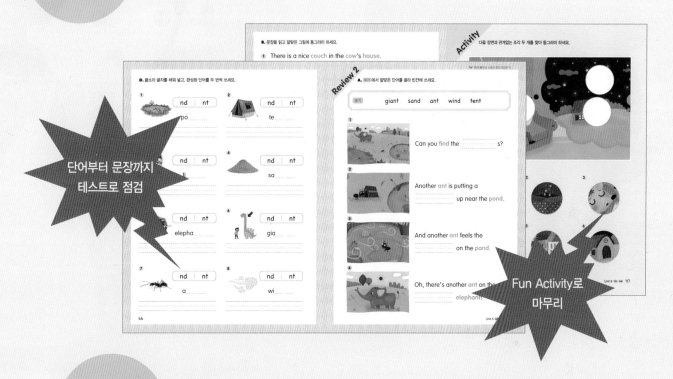

단어부터 문장까지 테스트로 점검

Fun Activity로 마무리

부가 학습 자료

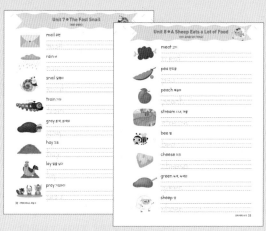

〈단어 따라 쓰기〉 책 속 부록
전체 학습을 끝낸 후 학습한 단어를 따라 쓰면서 철자를 익힐 수 있도록 〈단어 따라 쓰기〉 노트를 제공합니다.

〈받아쓰기 PDF〉 무료 학습 자료
스토리를 들으면서 빈칸을 채우는 〈받아쓰기 PDF〉를 다운로드 해서 활용하세요.

bl, cl, pl, sl

03-1

● Unit 1. 나무늘보처럼 잠자기 ●

Sleeping Like a Sloth

❝그녀의 아들은 하루 종일 잠만 자요. 엄마가 아무리 깨워도 나무늘보처럼 잠만 자네요. 아들을 깨울 수 있는 방법이 있을까요?**❞**

Phonics Words

챈트를 들으며 단어를 따라 읽어 보세요.

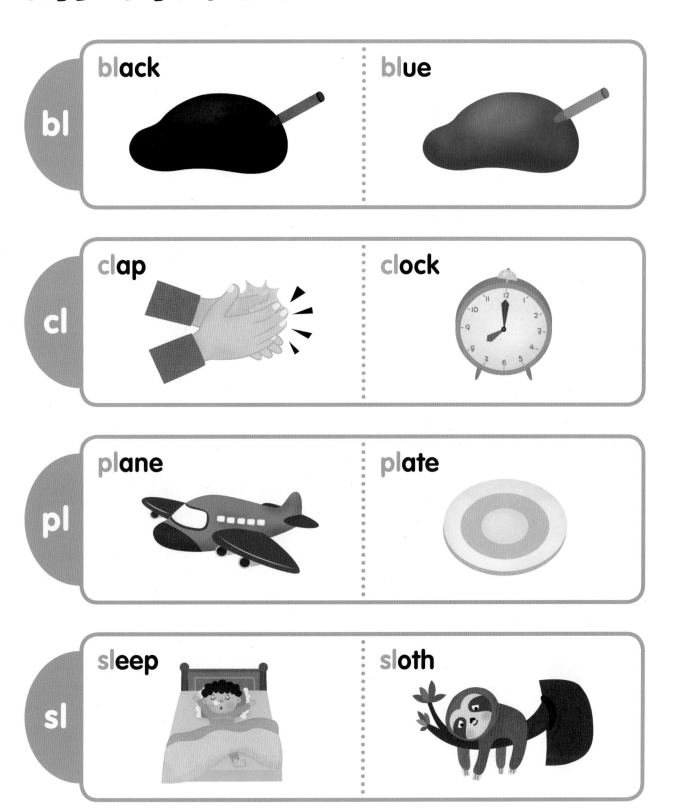

bl

black

blue

cl

clap

clock

pl

plane

plate

sl

sleep

sloth

A mom wakes her **sleep**ing son up every morning.
"Wake up!"

But her son **sleep**s all day like a **sloth**.

His mom **clap**s and **clap**s, but he just **sleep**s.

She flies a toy **plane** over his head.
She brings his favorite food on a **plate**.

But her son **sleep**s like a **sloth**.

She buys some loud alarm **clock**s.

Mom places a **black clock**, a **blue clock**, and a red **clock** on the bed.

All the **clock**s ring, and her son finally wakes up.

A. 사진의 이름을 말하고, 알맞은 첫소리 글자에 동그라미 하세요.

1

bl

sl

2

cl

pl

3

pl

cl

4

sl

bl

B. 🔊 소리를 잘 듣고 빈칸을 채워 단어를 완성하세요.

1

__ __ ue

2

__ __ ap

3

__ __ ane

4

__ __ eep

5

__ __ ock

6

__ __ ate

7

__ __ ack

8

__ __ oth

C. 사진에 알맞은 첫소리 글자와 단어를 찾아 서로 연결하세요.

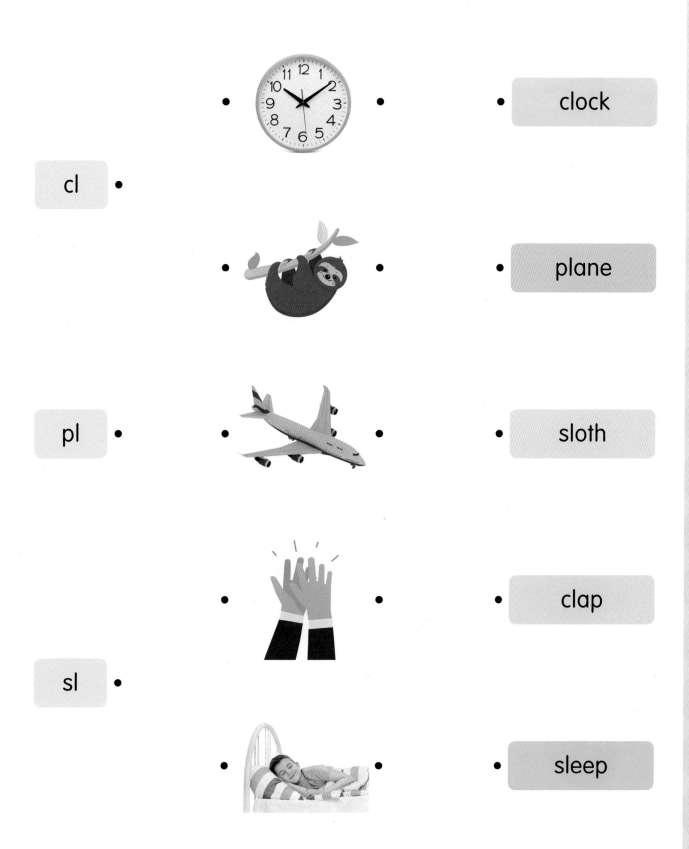

cl

pl

sl

clock

plane

sloth

clap

sleep

D. 첫소리 글자를 채워 넣고, 완성된 단어를 두 번씩 쓰세요.

1

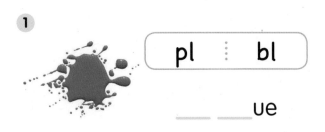

pl	bl

___ ___ue

_____

- - - - - - - - - - - -

2

cl	sl

___ ___ock

_____

- - - - - - - - - - - -

3

pl	cl

___ ___ate

_____

- - - - - - - - - - - -

4

sl	pl

___ ___eep

_____

- - - - - - - - - - - -

5

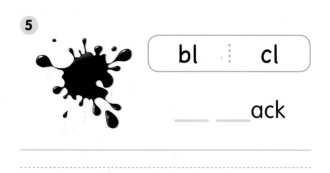

bl	cl

___ ___ack

_____

- - - - - - - - - - - -

6

sl	cl

___ ___ap

_____

- - - - - - - - - - - -

7

bl	sl

___ ___oth

_____

- - - - - - - - - - - -

8

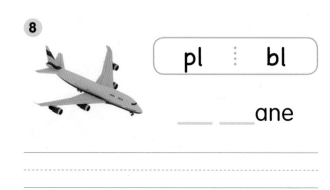

pl	bl

___ ___ane

_____

- - - - - - - - - - - -

Review 2

A. 보기 에서 알맞은 단어를 골라 빈칸에 쓰세요.

보기	plane blue sleep clock sloth

1

She flies a toy _____ over his head.

2

But her son **sleep**s like a _____ .

3

She buys some loud alarm _____ s.

4

Mom places a **black clock**, a _____ **clock**, and a red **clock** on the bed.

B. 문장을 읽고 알맞은 그림에 동그라미 하세요.

1 A mom wakes her **sleep**ing son up every morning.

2 His mom **clap**s and **clap**s, but he just **sleep**s.

3 She buys some loud alarm **clock**s.

4 All the **clock**s ring, and her son finally wakes up.

엄마가 아이를 빨리 깨울 수 있게 미로를 통과해 보세요.

br, cr, gr, tr

03-2

● **Unit 2. 왕자의 여행** ●

The Prince's Trip

❝왕자가 공주를 찾아 떠나요. 들판을 지나고 다리를 건너서 기차를 타고 공주를 만나러 가요. 왕자가 무사히 공주를 만날 수 있을까요?**❞**

Phonics Words

챈트를 들으며 단어를 따라 읽어 보세요.

br
brick
bridge

cr
crab
crow

gr
grass
green

tr
train
trip

A prince takes a **trip** to meet a princess.

Some frogs in the **grass** croak as the prince runs by.

The prince crosses a **bridge** and
greets a **crab** family.

After crossing the **bridge**, the prince goes by **train**.

The **train** takes the prince to the **brick** castle.

In her **green** dress, the princess looks down
from the **brick** castle.

Many crows fly and cry above the brick castle.

Just then, a dragon takes the prince to the princess
in the brick castle.

A. 사진의 이름을 말하고, 알맞은 첫소리 글자에 동그라미 하세요.

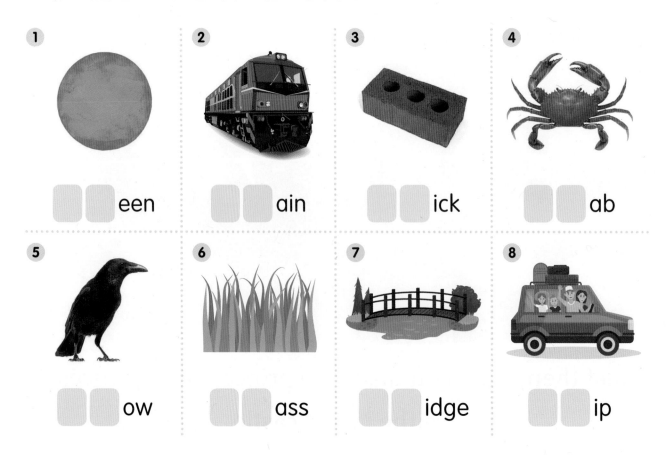

① gr / cr

② br / tr

③ tr / gr

④ br / cr

B. ◀)) 소리를 잘 듣고 빈칸을 채워 단어를 완성하세요.

① ☐☐ een

② ☐☐ ain

③ ☐☐ ick

④ ☐☐ ab

⑤ ☐☐ ow

⑥ ☐☐ ass

⑦ ☐☐ idge

⑧ ☐☐ ip

28

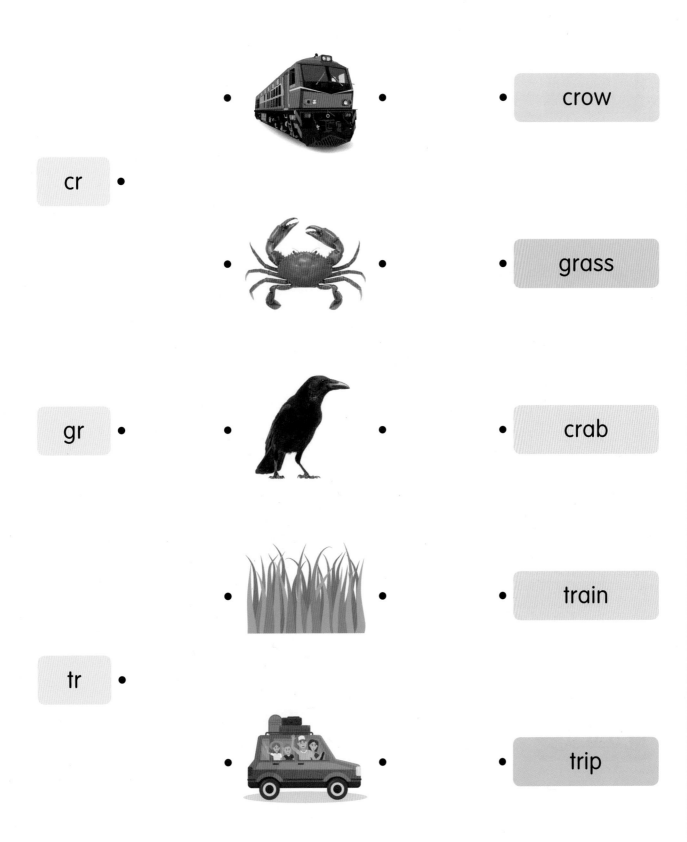

C. 사진에 알맞은 첫소리 글자와 단어를 찾아 서로 연결하세요.

cr

gr

tr

crow

grass

crab

train

trip

D. 첫소리 글자를 채워 넣고, 완성된 단어를 두 번씩 쓰세요.

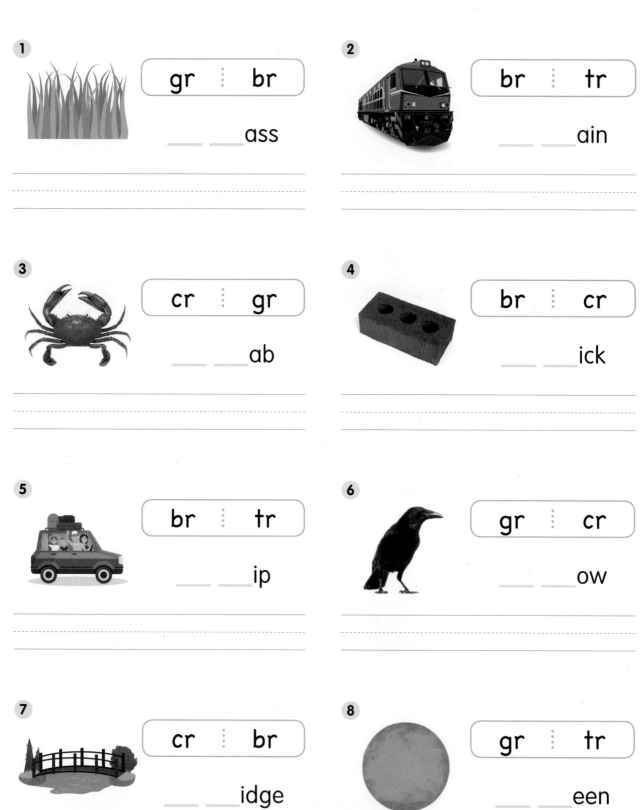

1 | gr : br |
   ___ ___ ass

2 | br : tr |
   ___ ___ ain

3 | cr : gr |
   ___ ___ ab

4 | br : cr |
   ___ ___ ick

5 | br : tr |
   ___ ___ ip

6 | gr : cr |
   ___ ___ ow

7 | cr : br |
   ___ ___ idge

8 | gr : tr |
   ___ ___ een

30

Review 2

A. 보기 에서 알맞은 단어를 골라 빈칸에 쓰세요.

보기	green　train　brick　crab　trip

1

A prince takes a _____ to meet a princess.

2

After crossing the **bridge**, the prince goes by _____ .

3

The **train** takes the prince to the _____ castle.

4

In her _____ dress, the princess looks down from the **brick** castle.

1 Some frogs in the **grass** croak as the prince runs by.

2 The prince crosses a **bridge** and greets a **crab** family.

3 Many **crow**s fly and cry above the **brick** castle.

4 A dragon takes the prince to the princess in the **brick** castle.

다음 장면과 관계없는 조각 두 개를 찾아 동그라미 하세요.

1

2

3

4

5

6

ch, sh

03-3

● Unit 3. 쫓아가자, 쫓아가자! ●

Chase, Chase, Chase!

❝병아리가 물고기를 쫓아가요. 그런데 아이가 이 병아리를 쫓아가고, 아빠가 아이를 쫓아가요. 무슨 일로 쫓아가는지 궁금하네요.❞

Phonics Words

챈트를 들으며 단어를 따라 읽어 보세요.

ch

bench
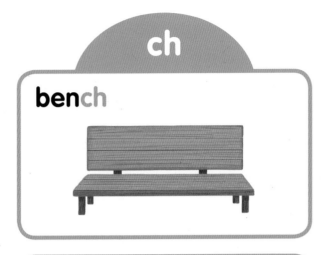

lunch

chase

chick

sh

dish
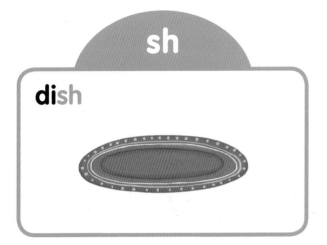

fish

shell

shout

A **chick chase**s a **fish**.

The **fish** swims fast, so the **chick** can't catch the **fish**.

A child starts to **chase** the **chick**.
He **shout**s, "**Chick**, play with me!"

The child **chase**s the **chick** over a **bench**.
The **chick** runs after the **fish**.

The child's dad starts to **chase** his son.
He **shout**s, "It's time for **lunch**."

With **lunch** on a **dish**, the dad **chase**s the child.
But the child **chase**s the **chick**.

The **fish** hides in a **shell**.
The **chick** stops the **chase**.

The child and his dad stop their **chase**.
"Oh, no! Your **lunch** and my **dish**!"

A. 사진의 이름을 말하고, 알맞은 첫소리 글자에 동그라미 하세요.

1

ch

sh

2

ch

sh

3

ch

sh

4

ch

sh

B. 🔊 소리를 잘 듣고 빈칸을 채워 단어를 완성하세요.

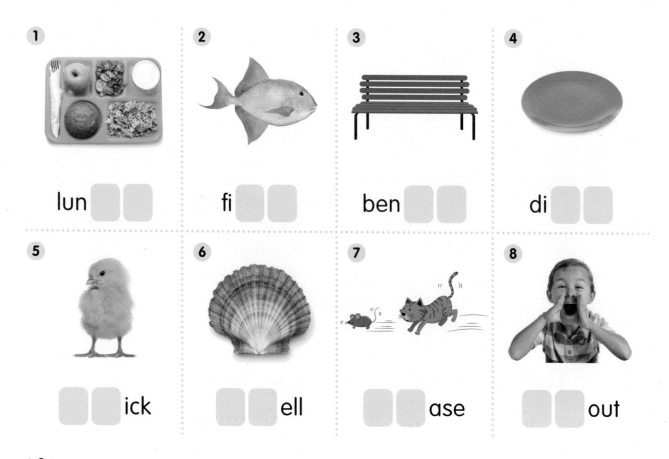

1

lun

2

fi

3

ben

4

di

5

ick

6

ell

7

ase

8

out

C. 단어에 알맞은 사진을 찾아 동그라미 하세요.

1 bench

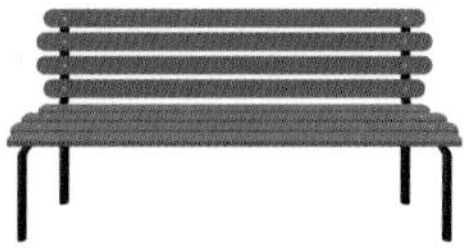

2 dish

3 fish

4 lunch

5 shout

D. 단어에 글자를 채워 넣고, 완성된 단어를 두 번씩 쓰세요.

1

ch ⋮ sh

___ ___ick

2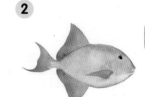

ch ⋮ sh

fi___ ___

3

ch ⋮ sh

___ ___ell

4

ch ⋮ sh

lun___ ___

5

ch ⋮ sh

ben___ ___

6

ch ⋮ sh

di___ ___

7

ch ⋮ sh

___ ___ase

8

ch ⋮ sh

___ ___out

Review 2

A. 보기 에서 알맞은 단어를 골라 빈칸에 쓰세요.

보기   fish   shell   lunch   dish   bench

1

The _____ swims fast, so the **chick** can't catch the **fish**.

2

The child **chase**s the **chick** over a _____ .

3

He **shout**s, "It's time for _____ ."

4

"Oh, no! Your **lunch** and my _____ !"

B. 문장을 읽고 알맞은 그림에 동그라미 하세요.

① A **chick** **chase**s a **fish**.

② A child starts to **chase** the **chick**.

③ With **lunch** on a **dish**, the dad **chase**s the child.

④ The **fish** hides in a **shell**.

44

두 그림을 보고 다른 점 다섯 군데를 찾아 동그라미 하세요.

ck

03-4

• Unit 4. 검은 오리가 아파요 •

The Black Duck Is Sick

❝검은 오리가 감기에 걸렸어요. 친구들이 선물을 준비해 검은 오리의 집으로 찾아가네요.
어서 감기가 나아 아프지 말아야 할 텐데요.❞

Phonics Words

챈트를 들으며 단어를 따라 읽어 보세요.

ck

bla**ck**

clo**ck**

du**ck**

pa**ck**

pi**ck**

sa**ck**

so**ck**

tru**ck**

A **black duck** is sick.
He has a cold.

The **black duck**'s friends **pack** gifts in a **sack**.

48

With their big **sack**, they go to the **black duck**'s house by **truck**.

The **black duck** hears a knock and opens the door.

"This alarm **clock** is for you.
You need it to know when to take your medicine."

"These **sock**s are for you.
Socks keep your feet warm."

"Here's a flower.

I always **pick** a flower for a sick friend."

Thanks to his friends, the **black duck** feels better.
He is not sick anymore.

A. 사진이 나타내는 단어에 동그라미 하세요.

1

sack · duck

2

pick · pack

3

sock · black

4

truck · clock

B. 🔊 들려주는 단어를 잘 듣고, 알맞은 단어에 동그라미 하세요.

1

| truck | clock | sack |

2

| pack | duck | black |

3

| sock | black | truck |

4

| pick | sock | sack |

c. 단어에 알맞은 사진을 찾아 동그라미 하세요.

1 black

2 clock

3 duck

4 pack

5 sock

D. 단어에 알맞은 사진을 연결하고, 단어를 쓰세요.

1 black	2 clock	3 duck	4 pack

5 pick	6 sack	7 sock	8 truck

Review 2

A. 보기 에서 알맞은 단어를 골라 빈칸에 쓰세요.

보기   black   sack   clock   pick   sock

1

The **black duck**'s friends **pack** gifts in a _____ .

2

The _____ **duck** hears a knock and opens the door.

3

"This alarm _____ is for you."

4

"I always _____ a flower for a sick friend."

B. 문장을 읽고 알맞은 그림에 동그라미 하세요.

① A **black duck** is sick. He has a cold.

② With their big **sack**, they go to the **black duck**'s house by **truck**.

③ "These **sock**s are for you. **Sock**s keep your feet warm."

④ Thanks to his friends, the **black duck** feels better.

그림과 문장을 보고 일이 일어난 순서대로 번호를 쓰세요.

1

The black duck hears a knock and opens the door.

2

"These socks are for you. Socks keep your feet warm."

3

Thanks to his friends, the black duck feels better. He is not sick anymore.

4

A black duck is sick. He has a cold.

   •••➤   •••➤   •••➤

nd, nt

● Unit 5. 개미들을 찾자 ●

Let's Find Ants

❝그림 속 숨어 있는 개미를 찾아보세요.
모래에도, 연못에도, 커다란 코끼리 근처에도 개미가 숨어 있어요. 벌써 개미를 다 찾았나요?❞

Phonics Words

챈트를 들으며 단어를 따라 읽어 보세요.

nd

find

pond

sand
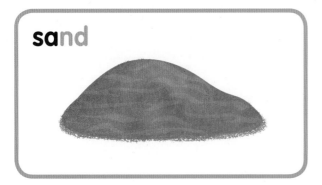

wind

nt

ant

elephant

giant

tent

Can you **find** the **ant**s?

One **ant** is planting a flower in the **sand**.

60

Another **ant** is putting a **tent** up near the **pond**.

And another **ant** feels the **wind** on the **pond**.

Oh, there's another **ant** on the **giant elephant**!

Can you **find** an **ant** on the **elephant**?
Do you need a hint?

An **ant** is playing with his friend
on the **elephant**.

How many **ant**s can you **find**?

A. 사진의 이름을 말하고, 알맞은 끝소리 글자에 동그라미 하세요.

1
nd
nt

2
nd
nt

3
nd
nt

4
nd
nt

B. 🔊 소리를 잘 듣고 빈칸을 채워 단어를 완성하세요.

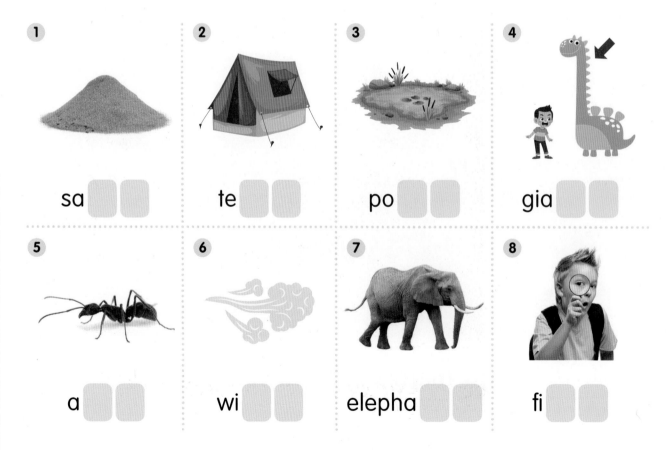

1
sa ☐ ☐

2
te ☐ ☐

3
po ☐ ☐

4
gia ☐ ☐

5
a ☐ ☐

6
wi ☐ ☐

7
elepha ☐ ☐

8
fi ☐ ☐

C. 사진에 알맞은 끝소리 글자와 단어를 찾아 서로 연결하세요.

 • • wind

nd •  • • find

 • • giant

nt •  • • sand

 • • elephant

D. 끝소리 글자를 채워 넣고, 완성된 단어를 두 번씩 쓰세요.

①

nd	nt

po___ ___

②
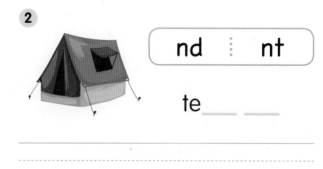

nd	nt

te___ ___

③

nd	nt

fi___ ___

④
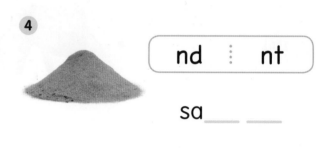

nd	nt

sa___ ___

⑤

nd	nt

elepha___ ___

⑥

nd	nt

gia___ ___

⑦

nd	nt

a___ ___

⑧

nd	nt

wi___ ___

Review 2

A. 보기 에서 알맞은 단어를 골라 빈칸에 쓰세요.

> 보기   giant   sand   ant   wind   tent

1

Can you **find** the _____s?

2

Another **ant** is putting a _____ _____ up near the **pond**.

3

And another **ant** feels the _____ _____ on the **pond**.

4

Oh, there's another **ant** on the _____ _____ **elephant**!

1 One **ant** is planting a flower in the **sand**.

a

b

2 Another **ant** is putting a **tent** up near the **pond**.

a

b

3 Can you **find** an **ant** on the **elephant**?

a

b

4 An **ant** is playing with his friend on the **elephant**.

a

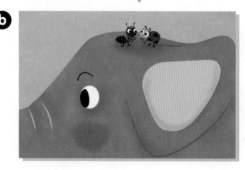
b

다음 장면과 관계없는 조각 두 개를 찾아 동그라미 하세요.

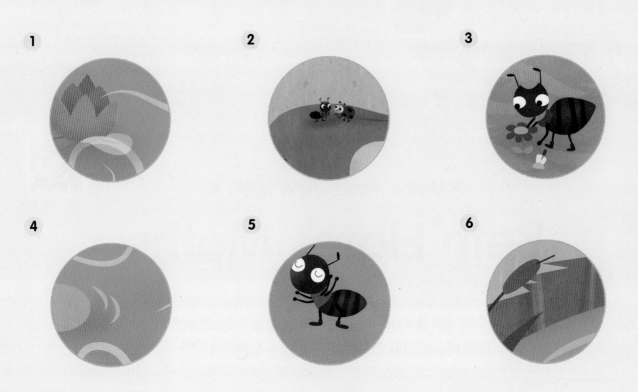

1   2   3

4   5   6

th

03-6

● Unit 6. 베스는 나방을 싫어해 ●

Beth Hates Moths

❝베스가 방에서 수학 공부를 해요. 이런! 베스의 방에 큰 나방 한 마리가 들어왔어요.
과연 베스는 다시 안심하고 공부할 수 있을까요?❞

Phonics Words

챈트를 들으며 단어를 따라 읽어 보세요.

th

bath

math

$$1 + 2 \quad 4 \times 5$$
$$3 - 1$$

moth

mouth

teeth

three

throat

throw

Beth does **math** in her room.
She does **three math** problems.

Just then, a big **moth** comes into her room.

72

Beth opens her **mouth** and yells, "Eww! A **moth**!"

Beth's dad catches the **moth** and
throws it outside.

Beth cries loudly, so she has a sore **throat**.

Beth's mom gives her **three** spoons of syrup
for her sore **throat**.

Beth brushes her **teeth** and takes a **bath**.

Beth feels better, and she does **three** more **math** problems.

A. 사진이 나타내는 단어에 동그라미 하세요.

1

bath   teeth

2

moth   mouth

3

3

throat   three

4

throw   math

B. 🔊 들려주는 단어를 잘 듣고, 알맞은 단어에 동그라미 하세요.

1

bath   math   moth

2

teeth   throw   three

3

math   mouth   moth

4

throat   bath   throw

c. 단어에 알맞은 사진을 찾아 동그라미 하세요.

1 bath

2 math

3 teeth

4 three

5 throw

D. 단어에 알맞은 사진을 연결하고, 단어를 쓰세요.

1 bath

2 math

3 moth

4 mouth

_____

_____

_____

_____

5 teeth

6 three

7 throat

8 throw

_____

_____

_____

_____

Review 2

A. 보기 에서 알맞은 단어를 골라 빈칸에 쓰세요.

| 보기 | bath   moth   throw   math   throat |

1

Beth does _____ in her room.

2

Just then, a big _____ comes into her room.

3

Beth's dad catches the **moth** and _____ s it outside.

4

Beth cries loudly, so she has a sore _____ .

1 Just then, a big **moth** comes into her room.

a  **b**

2 Beth opens her **mouth** and yells, "Eww! A **moth**!"

a  **b**

3 Beth's mom gives her **three** spoons of syrup.

a  **b**

4 Beth brushes her **teeth** and takes a **bath**.

a  **b**

두 그림을 보고 다른 점 다섯 군데를 찾아 동그라미 하세요.

ai, ay

03-7

● Unit 7. 빠른 달팽이 ●

The Fast Snail

❝기차보다 빠른 달팽이가 이곳저곳에서 바쁘게 움직이며 마을 동물들의 일을 해결해 줘요.
재빠르던 달팽이가 어쩌다가 느릿느릿 움직이게 된 건지 궁금하네요.❞

Phonics Words

챈트를 들으며 단어를 따라 읽어 보세요.

ai

mail

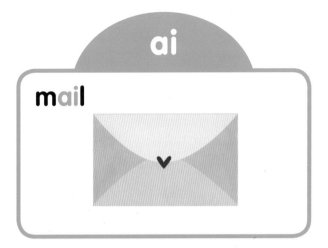

rain

snail

train

ay

gray

hay

lay

pray

A **snail** was faster than a **train**.

Faster than a **train**, the **snail** helped others a lot.

A pig asked the **snail** to paint the wall **gray**.

A hen asked the **snail** to pile up **hay** to **lay** eggs.

The **snail** also carried a lot of **mail** in the village.

One day, the **snail** carried **mail** in the **rain**, so he got sick.

"We **pray** you get well!"
The animals **pray** for the **snail**.

After they **pray**, the **snail** does not move
like a **train**.

A. 사진의 이름을 말하고, 단어에 포함되는 글자에 동그라미 하세요.

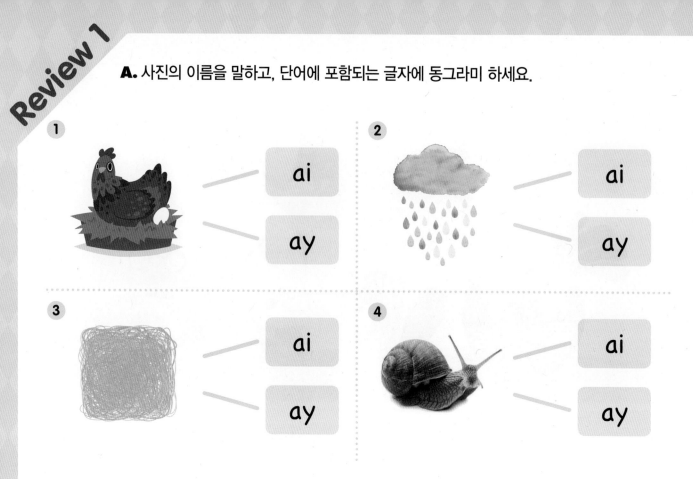

1. ai / ay
2. ai / ay
3. ai / ay
4. ai / ay

B. 🔊 소리를 잘 듣고 빈칸을 채워 단어를 완성하세요.

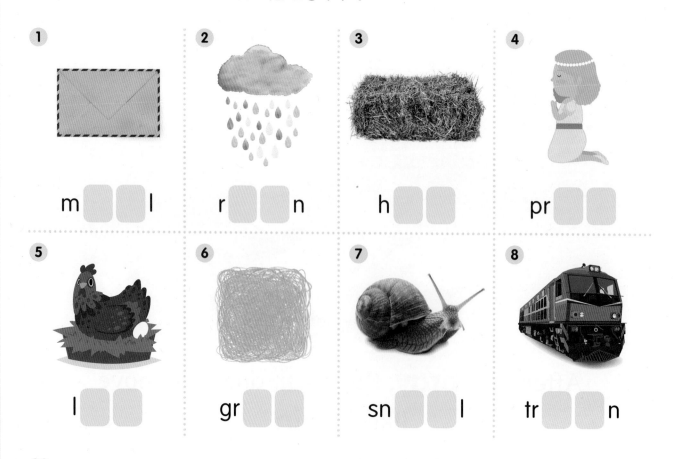

1. m ☐ ☐ l
2. r ☐ ☐ n
3. h ☐ ☐
4. pr ☐ ☐
5. l ☐ ☐
6. gr ☐ ☐
7. sn ☐ ☐ l
8. tr ☐ ☐ n

c. 단어에 알맞은 사진을 찾아 동그라미 하세요.

1 hay

2 mail

3 pray

4 snail

5 train

D. 단어에 글자를 채워 넣고, 완성된 단어를 두 번씩 쓰세요.

1

ai	ay

gr___ ___

2
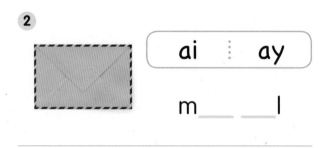

ai	ay

m___ ___l

3

ai	ay

l___ ___

4

ai	ay

r___ ___n

5

ai	ay

sn___ ___l

6
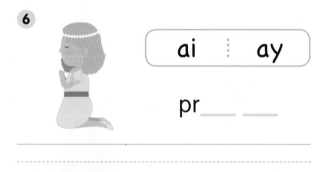

ai	ay

pr___ ___

7
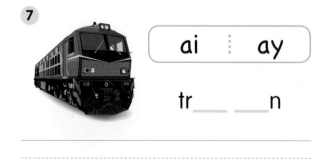

ai	ay

tr___ ___n

8

ai	ay

h___ ___

Review 2

A. 보기 에서 알맞은 단어를 골라 빈칸에 쓰세요.

보기	mail gray train snail lay

1

Faster than a _____ ,
the snail helped others a lot.

2

A pig asked the snail to paint the
wall _____ .

3

The snail also carried a lot of
_____ in the village.

4

After they pray, the _____
does not move like a train.

B. 문장을 읽고 알맞은 그림에 동그라미 하세요.

1 A **snail** was faster than a **train**.

2 A hen asked the **snail** to pile up **hay** to **lay** eggs.

3 The **snail** carried **mail** in the **rain**, so he got sick.

4 The animals **pray** for the **snail**.

그림과 문장을 보고 일이 일어난 순서대로 번호를 쓰세요.

1

After they pray, the snail does not move like a train.

2

Faster than a train, the snail helped others a lot.

3

The animals pray for the snail.

4

One day, the snail carried mail in the rain, so he got sick.

ea, ee

● Unit 8. 양이 음식을 많이 먹어요 ●

A Sheep Eats a Lot of Food

❝혼자 다 먹기 좋아하는 양에게 벌이 찾아와요. 양은 음식을 나눠주지 않고 숨기기 바빠요.
개울가에서 자신의 모습을 본 양은 어떤 생각을 할까요?**❞**

Phonics Words

챈트를 들으며 단어를 따라 읽어 보세요.

ea

mea**t**

pea

pea**ch**

strea**m**

ee

bee

chee**se**

gree**n**

shee**p**

A **sheep** on the **green** grass eats a lot of food.

The **sheep** sees a **bee**.
"Can I have some, please?" asks the **bee**.

The **sheep** hides her **meat** and her **cheese**
in her hair.

The **sheep** hides a **pea** and a **peach**,
so the **bee** leaves.

On the way home, the **sheep** crosses a **stream**.

The **sheep** looks at herself in the **stream**.

The **sheep** sees the **meat** and the **cheese** in her hair.
The **sheep** sees the **pea** and the **peach** in her hair.

The **sheep** feels sorry for the **bee**,
so she shares her food with the **bee**.

A. 사진의 이름을 말하고, 단어에 포함되는 글자에 동그라미 하세요.

B. 🔊 소리를 잘 듣고 빈칸을 채워 단어를 완성하세요.

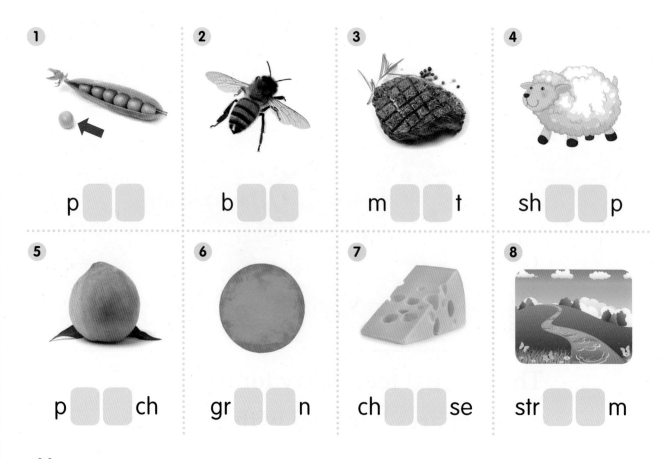

C. 단어에 알맞은 사진을 찾아 동그라미 하세요.

1 cheese

2 green

3 meat

4 pea

5 stream

D. 단어에 글자를 채워 넣고, 완성된 단어를 두 번씩 쓰세요.

1

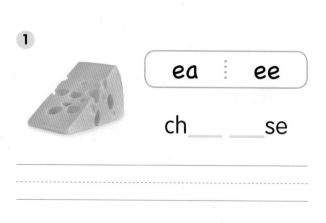

ea : ee

ch____ ____se

_____

2

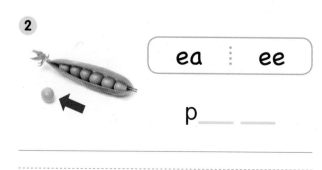

ea : ee

p____ ____

_____

3

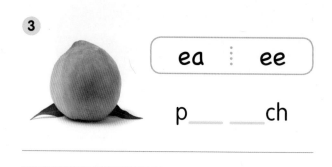

ea : ee

p____ ____ch

_____

4

ea : ee

sh____ ____p

_____

5

ea : ee

b____ ____

_____

6

ea : ee

gr____ ____n

_____

7

ea : ee

m____ ____t

_____

8

ea : ee

str____ ____m

_____

Review 2

A. 보기 에서 알맞은 단어를 골라 빈칸에 쓰세요.

> 보기   cheese   peach   sheep   bee   stream

1

The **sheep** sees a _____ .

2

The **sheep** hides her **meat** and her _____ in her hair.

3

The **sheep** looks at herself in the _____ .

4

The _____ sees the **pea** and the **peach** in her hair.

1 A **sheep** on the **green** grass eats a lot of food.

ⓐ

ⓑ

2 The **sheep** hides a **pea** and a **peach**, so the **bee** leaves.

ⓐ

ⓑ

3 On the way home, the **sheep** crosses a **stream**.

ⓐ

ⓑ

4 The **sheep** sees the **meat** and the **cheese** in her hair.

ⓐ

ⓑ

다음 장면을 완성하는 조각 두 개를 찾아 동그라미 하세요.

OU, OW

03-9

● **Unit 9.** 산에 사는 쥐 ●

A Mouse on a Mountain

“산에 사는 쥐가 도시에 사는 소의 집에 초대 받았어요. 소의 집에는 멋진 의자도 있네요.
그런데 쥐가 왜 얼굴을 찡그릴까요?**”**

Phonics Words

챈트를 들으며 단어를 따라 읽어 보세요.

ou

clou**d**

cou**ch**
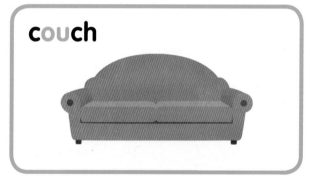

hou**se**

mou**se**

ow

clow**n**

cow

frow**n**

tow**n**

A **mouse** lives on a mountain,
and a **cow** lives in a **town**.

The **cow** invites the **mouse** to her **house**
in the **town**.

There is a nice **couch** in the **cow**'s **house**.

They watch a **clown**'s magic show.

That night, the **mouse** on a **couch** looks at the sky.

The **mouse** can't see any **cloud**s or stars,
so he **frown**s.

The **mouse** misses his **house** on the mountain.
"I want to go home."

The **mouse** can see **cloud**s and stars again.
"I love my home on the mountain."

A. 사진의 이름을 말하고, 단어에 포함되는 글자에 동그라미 하세요.

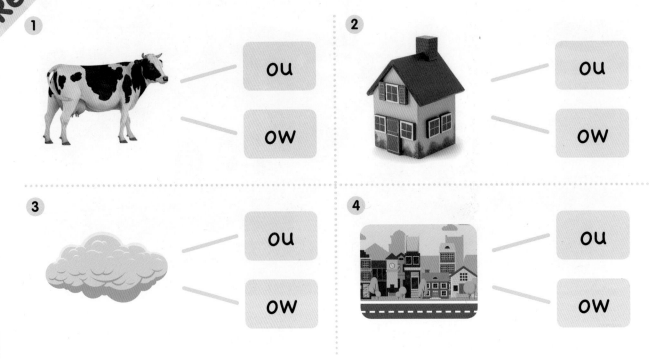

B. 🔊 소리를 잘 듣고 빈칸을 채워 단어를 완성하세요.

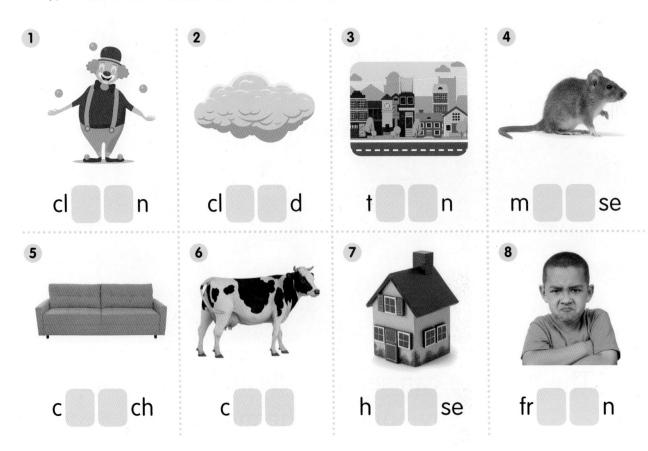

C. 단어에 알맞은 사진을 찾아 동그라미 하세요.

1

clown

2

couch

3

frown

4

house

5

mouse

D. 단어에 글자를 채워 넣고, 완성된 단어를 두 번씩 쓰세요.

1

| ou | ow |

cl___ ___n

_____

2

| ou | ow |

c___ ___

_____

3

| ou | ow |

h___ ___se

_____

4

| ou | ow |

m___ ___se

_____

5

| ou | ow |

fr___ ___n

_____

6

| ou | ow |

t___ ___n

_____

7

| ou | ow |

c___ ___ch

_____

8

| ou | ow |

cl___ ___d

_____

Review 2

A. 보기 에서 알맞은 단어를 골라 빈칸에 쓰세요.

| 보기 | mouse | cloud | couch | clown | house |

1

The **cow** invites the **mouse** to her _____ in the **town**.

2

There is a nice _____ in the **cow's house**.

3

The **mouse** can't see any _____s or stars, so he **frown**s.

4

The _____ can see **cloud**s and stars again.

B. 문장을 읽고 알맞은 그림에 동그라미 하세요.

1 There is a nice **couch** in the **cow**'s **house**.

ⓐ  ⓑ

2 They watch a **clown**'s magic show.

ⓐ  ⓑ

3 That night, the **mouse** on a **couch** looks at the sky.

ⓐ  ⓑ

4 The **mouse** misses his **house** on the mountain.

ⓐ  ⓑ

다음 장면과 관계없는 조각 두 개를 찾아 동그라미 하세요.

er, ir, ur

03-10

● Unit 10. 소녀와 보라 새 ●

The Girl and the Purple Bird

❝길가에 작은 새가 떨어져 있어요. 소녀가 다친 새를 도와주네요. 작은 새는 소녀에게 어떻게 은혜를 갚게 될까요?❞

Phonics Words

챈트를 들으며 단어를 따라 읽어 보세요.

er

herb

herd

ir

bird

girl

ur

curl

hurt

nurse

purple

잘 듣고 큰 소리로 따라 읽어 보세요. 1 2 3

A **girl** with beautiful **curl**s sees a little **purple bird**.

The little **purple bird** is **hurt**.
The **girl** takes care of it like a **nurse**.

With her help, the **purple bird** can fly again.

One day, the **girl** falls down.
She **hurt**s her knee.

The **bird** asks a **herd** of sheep to seek an **herb**.

The **herd** of sheep finds the **herb**.

The **bird** takes the **herb** to the **girl**.

The **girl** rubs the **herb** on her knee.
Thanks to the **bird**, her knee doesn't **hurt** anymore.

A. 사진의 이름을 말하고, 단어에 포함되는 글자에 동그라미 하세요.

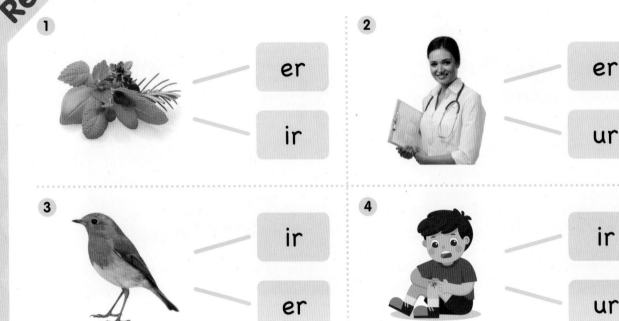

1 er / ir

2 er / ur

3 ir / er

4 ir / ur

B. 🔊 소리를 잘 듣고 빈칸을 채워 단어를 완성하세요.

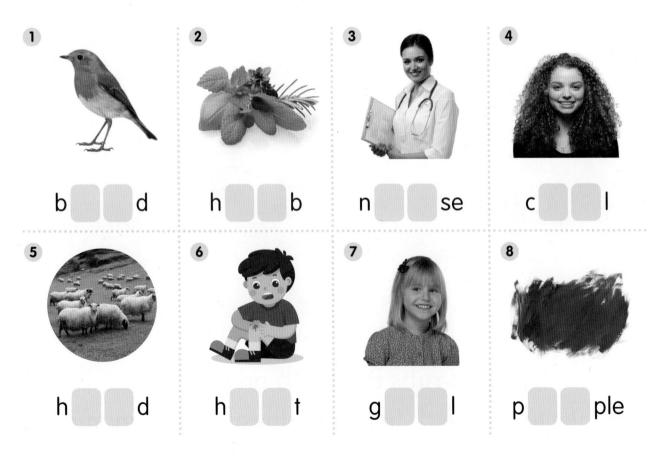

1 b ☐ ☐ d

2 h ☐ ☐ b

3 n ☐ ☐ se

4 c ☐ ☐ l

5 h ☐ ☐ d

6 h ☐ ☐ t

7 g ☐ ☐ l

8 p ☐ ☐ ple

C. 단어에 알맞은 사진을 찾아 동그라미 하세요.

1 curl

2 girl

3 herd

4 nurse

5 purple

D. 단어에 글자를 채워 넣고, 완성된 단어를 두 번씩 쓰세요.

①

ir	ur

c＿＿ ＿＿l

②

er	ir

b＿＿ ＿＿d

③

ir	ur

g＿＿ ＿＿l

④

er	ur

h＿＿ ＿＿t

⑤

er	ir

h＿＿ ＿＿b

⑥

er	ur

p＿＿ ＿＿ple

⑦

er	ur

n＿＿ ＿＿se

⑧

er	ur

h＿＿ ＿＿d

Review 2

A. 보기 에서 알맞은 단어를 골라 빈칸에 쓰세요.

보기	herb hurt bird curl girl

1

A _____ with beautiful **curl**s sees a little **purple bird**.

2

With her help, the **purple** _____ can fly again.

3

The **herd** of sheep finds the _____ .

4

Thanks to the **bird**, her knee doesn't _____ anymore.

B. 문장을 읽고 알맞은 그림에 동그라미 하세요.

1 The little **purple bird** is **hurt**.

2 One day, the **girl** falls down. She **hurt**s her knee.

3 The **bird** asks a **herd** of sheep to seek an **herb**.

4 The **bird** takes the **herb** to the **girl**.

새가 소녀에게 갈 수 있도록 미로를 탈출해 보세요.

oi, oy

03-11

● Unit 11. 소년의 동전 ●

The Boy's Coin

66소년은 장난감을 사고 싶어요. 여우가 금화를 심으면 금화가 주렁주렁 열리는 금화 나무가 될 거래요. 소년은 금화를 심어서 금화 나무를 가지게 될까요?**99**

Phonics Words

챈트를 들으며 단어를 따라 읽어 보세요.

oi

boil

coin
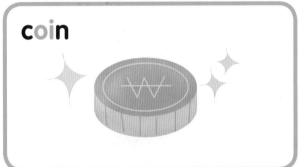

oil

soil

oy

annoy

boy

enjoy

toy

잘 듣고 큰 소리로 따라 읽어 보세요. **1 2 3**

A **boy** has a gold **coin** to buy a **toy**.

A fox points to some **soil**.
"Plant the gold **coin**. You can grow a gold **coin** tree."

The **boy** plants the **coin** in the **soil**.

The next day, the **boy** finds out the **coin** is not in the **soil**.

The **boy** goes to the fox's house.
There, the fox **enjoy**s his dinner.

The **boy** is **annoy**ed.
He pours **oil** into the teapot, and he **boil**s the **oil**.

The fox wants to **enjoy** tea, but he drinks the hot **oil**.

The fox runs away, and the **boy** gets
his gold **coin** back.

A. 사진의 이름을 말하고, 단어에 포함되는 글자에 동그라미 하세요.

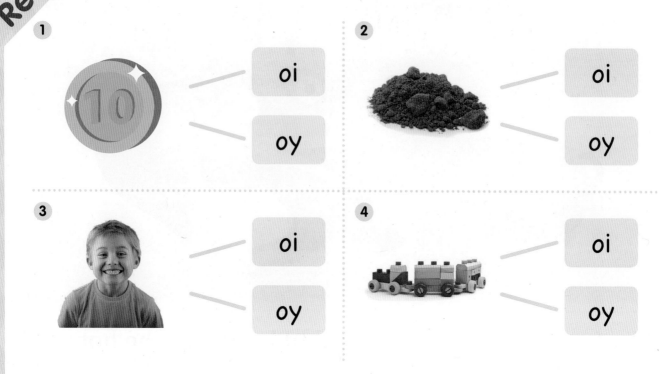

B. 🔊 소리를 잘 듣고 빈칸을 채워 단어를 완성하세요.

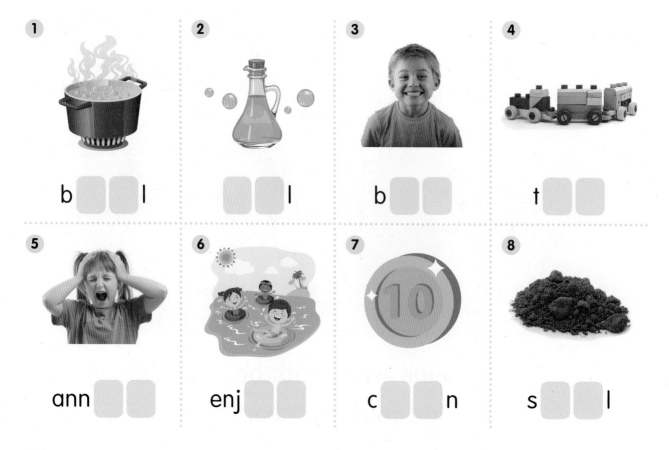

c. 단어에 알맞은 사진을 찾아 동그라미 하세요.

1

annoy

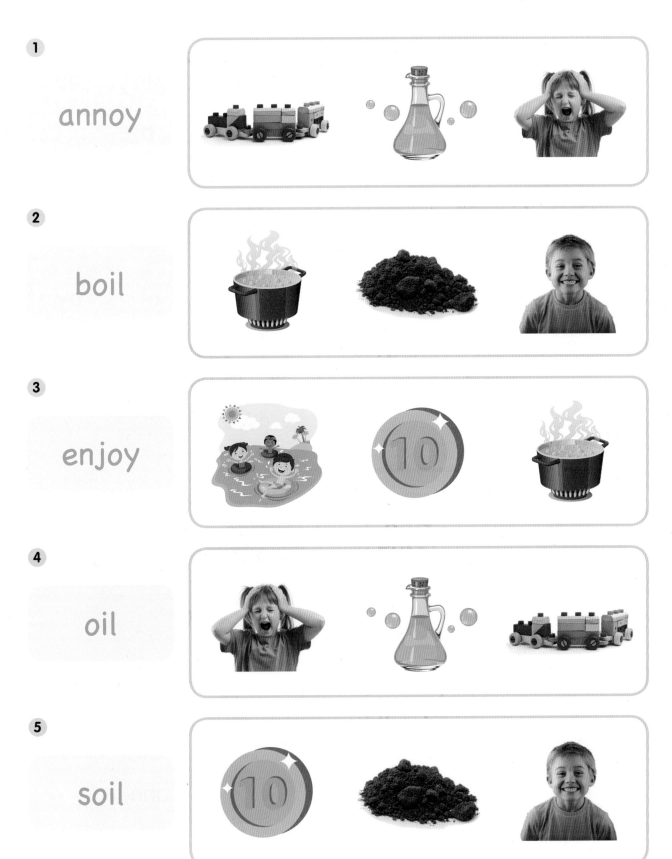

2

boil

3

enjoy

4

oil

5

soil

D. 단어에 글자를 채워 넣고, 완성된 단어를 두 번씩 쓰세요.

1

| oi | oy |

c___ ___n

_____

2

| oi | oy |

b___ ___

_____

3

| oi | oy |

t___ ___

_____

4

| oi | oy |

b___ ___l

_____

5

| oi | oy |

enj___ ___

_____

6

| oi | oy |

s___ ___l

_____

7

| oi | oy |

___ ___l

_____

8

| oi | oy |

ann___ ___

_____

Review 2

A. 보기 에서 알맞은 단어를 골라 빈칸에 쓰세요.

> 보기　　soil　toy　enjoy　oil　coin

1

A **boy** has a gold **coin** to buy a
_____ .

2

A fox points to some _____ .

3

The **boy** plants the _____
in the **soil**.

4

The fox wants to **enjoy** tea, but he
drinks the hot _____ .

B. 문장을 읽고 알맞은 그림에 동그라미 하세요.

1 "Plant the gold **coin**. You can grow a gold **coin** tree."

2 The next day, the **boy** finds out the **coin** is not in the **soil**.

3 He pours **oil** into the teapot, and he **boil**s the **oil**.

4 The fox runs away, and the **boy** gets his gold **coin** back.

다음 장면을 완성하는 조각 두 개를 찾아 동그라미 하세요.

• Unit 12. 수탉의 마법 빗자루 •

The Rooster's Magic Broom

❝하늘을 날고 싶은 수탉이 마법 빗자루를 만들어요.
과연 수탉은 마법 빗자루를 타고 저 멀리 달까지 날아갈 수 있을까요?**❞**

Phonics Words

챈트를 들으며 단어를 따라 읽어 보세요.

oo

book

broom

foot

moon

roof

rooster

spoon

wood

A **rooster** wants to fly.
He wants to fly to the **moon**.

But the **rooster** always falls from the **roof**.

One day, the **rooster** finds a good **book**.

The **book** is about how to make a magic **broom**.

He cuts **wood** and puts two **spoon**s
on the **broom**.

The **rooster** climbs up to the **roof**
with his magic **broom**.

He hits the **roof** with one **foot** and jumps high.

The **rooster** flies to the **moon** on his magic **broom**.
"This is cool!"

A. 사진이 나타내는 단어에 동그라미 하세요.

1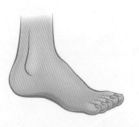

spoon   foot

2

wood   moon

3

roof   rooster

4

spoon   broom

B. 들려주는 단어를 잘 듣고, 알맞은 단어에 동그라미 하세요.

1

wood   moon   book

2

broom   roof   spoon

3

roof   wood   rooster

4

moon   wood   foot

c. 단어에 알맞은 사진을 찾아 동그라미 하세요.

1 book

2 foot

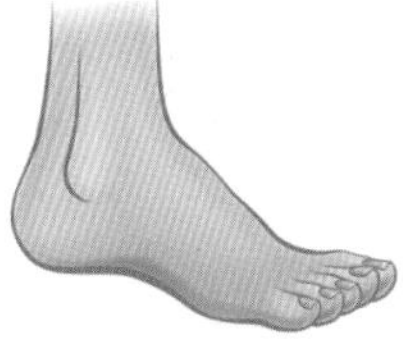

3 moon

4 spoon

5 wood

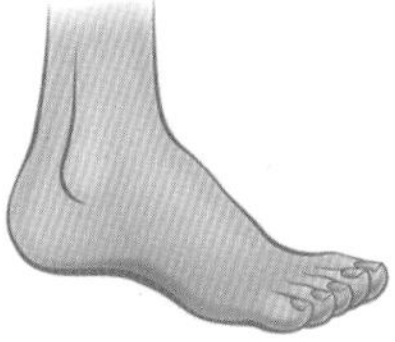

D. 단어에 알맞은 사진을 연결하고, 단어를 쓰세요.

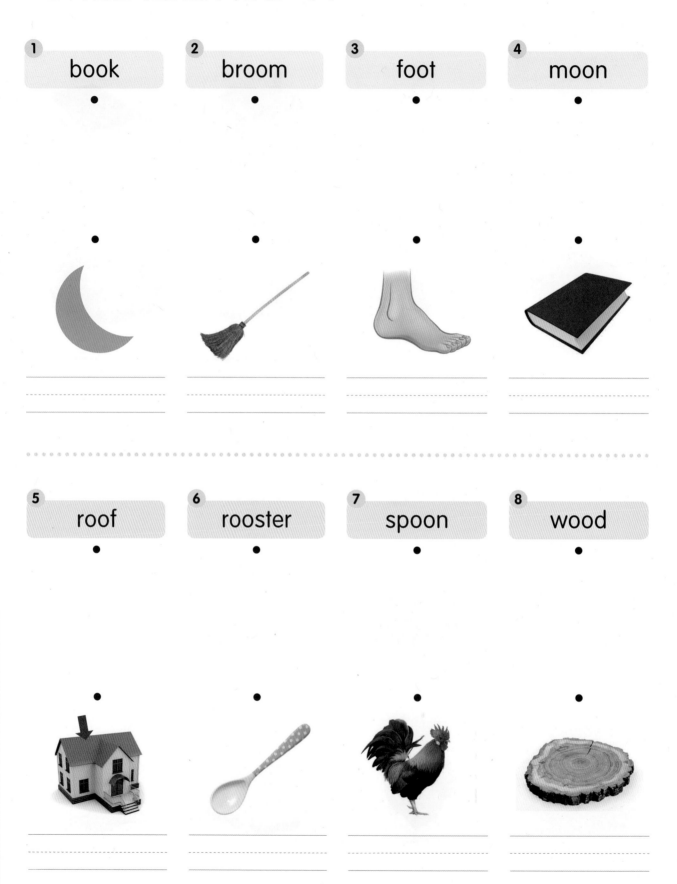

1 book

2 broom

3 foot

4 moon

5 roof

6 rooster

7 spoon

8 wood

Review 2

A. 보기 에서 알맞은 단어를 골라 빈칸에 쓰세요.

> 보기   roof   spoon   broom   book   rooster

1

A _____ wants to fly.

2

The _____ is about how to make a magic **broom**.

3

He cuts **wood** and puts two _____s on the **broom**.

4

The **rooster** flies to the **moon** on his magic _____.

B. 문장을 읽고 알맞은 그림에 동그라미 하세요.

1 But the **rooster** always falls from the **roof**.

a  **b**

2 One day, the **rooster** finds a good **book**.

a  **b**

3 The **rooster** climbs up to the **roof** with his magic **broom**.

a  **b**

4 He hits the **roof** with one **foot** and jumps high.

a  **b**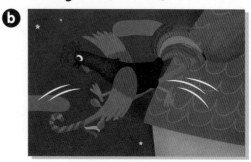

두 그림을 보고 다른 점 다섯 군데를 찾아 동그라미 하세요.

기적의 외국어 학습서

	기본서 (필수 학습)	**특화서 (보완/강화 학습)**
유아 종합	 만 2세 이상　만 3세 이상　만 5세 이상　만 5세 이상	 3세 이상 전 12권　3세 이상 전 12권　3세 이상 전 12권　3세 이상
파닉스	 만 6세 이상 전 3권　만 7세 이상 전 3권	 1~3학년
단어	 기적의 초등 기초 영단어 출간 예정　3학년 이상 전 2권　5학년 이상 전 3권	 1~3학년
읽기	 7세~1학년 전 3권　2, 3학년 전 3권　4, 5학년 전 2권　6학년 이상 전 2권	 1~3학년 전 3권
영작	 4학년 이상 전 5권　5학년 이상 전 2권	 3학년 이상　4, 5학년　5, 6학년　5학년 이상
문법	 2학년 이상 전 5권　4학년 이상 전 3권	 3학년 이상 전 2권　6학년
회화 듣기	 기적의 영어 듣기 출간 예정	 3학년 이상 전 2권

초등 필수 무작정 따라하기

초등 영어 교육과정과 밀착된 필수학습을 한 권으로 총정리해 줍니다.

1학년 이상(출간 예정)

1학년 이상(출간 예정)

1학년 이상

1학년 이상

3학년 이상

미국교과서 READING

문제의 차이가 영어 실력의 차이, 통합사고 논픽션 프로그램

초등 초급 전 3권

초등 초급 전 3권

초등 중급 전 3권

초등 중급 전 3권

출간 예정

초등 중급 전 2권

초등 중급 전 2권

초등 중급 전 3권

흥미로운 콘텐츠의 학습서

액티비티가 풍부한 유아 워크북, 노래로 배우는 영어,
디즈니 대본으로 배우는 회화표현 등 재미가 가득한 유초등 영어 학습서

4세 이상

4세 이상

3세 이상

3세 이상

3세 이상

3세 이상

3세 이상

2학년 이상

3학년 이상

3학년 이상

3학년 이상

3학년 이상

3학년 이상

3학년 이상

3학년 이상

3학년 이상

3학년 이상

파닉스를 마스터하고
리딩으로 넘어가는

기적의 파닉스 리딩

3

정답과 해석 · 단어 따라 쓰기

길벗스쿨

정답과 해석
&
단어 따라 쓰기

Unit 1 ● Sleeping Like a Sloth

(나무늘보처럼 잠자기)

Phonics Words

black 검정색, 검정색의	blue 파란색, 파란색의	clap 손뼉 치다	clock 시계
plane 비행기	plate 접시	sleep 자다	sloth 나무늘보

Story Reading

엄마는 매일 아침 잠자는 아들을 깨워요. "일어나!"

하지만 아들은 하루 종일 나무늘보처럼 잠을 자요.

엄마가 손뼉을 치고 또 쳐도 아들은 그저 잠을 자요.

엄마가 장난감 비행기를 그의 머리 위로 날려요.
엄마가 접시 위에 그가 가장 좋아하는 음식을 가져와요.

하지만 아들은 나무늘보처럼 잠을 자요.

엄마는 소리가 크게 나는 알람 시계들을 사요.

엄마는 검정 시계, 파란 시계, 빨간 시계를 침대 위에 놓아요.

모든 시계가 울리자, 아들이 마침내 일어나요.

Answers

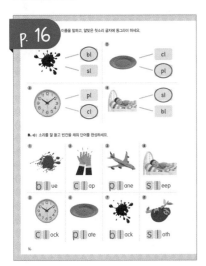

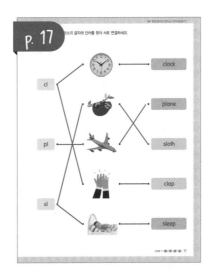

Unit 2 ● The Prince's Trip

(왕자의 여행)

Phonics Words

brick 벽돌	**br**idge 다리	**cr**ab 게	**cr**ow 까마귀
grass 풀, 잔디	**gr**een 녹색, 녹색의	**tr**ain 기차	**tr**ip 여행

Story Reading

왕자는 공주를 만나러 여행을 떠나요.

왕자가 지나갈 때 잔디밭에 있는 개구리들이 개굴개굴 울어요.

왕자가 다리를 건너고 게 가족에게 인사해요.

다리를 건넌 후, 왕자는 기차를 타고 가요.

기차는 왕자를 벽돌 성으로 데려가요.

녹색 드레스를 입은 공주는 벽돌 성에서 내려다봐요.

많은 까마귀들이 벽돌 성 위에서 날며 울어요.

바로 그때, 용이 왕자를 벽돌 성에 있는 공주에게 데려다줘요.

Answers

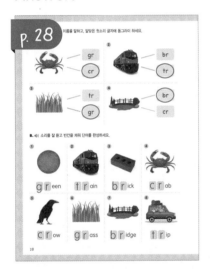

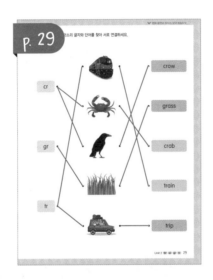

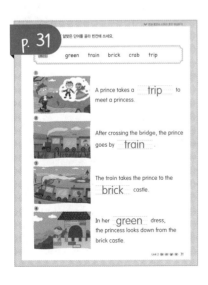

Unit 3 ● Chase, Chase, Chase!

(쫓아가자, 쫓아가자!)

Phonics Words

ben**ch** 벤치	lun**ch** 점심	**ch**ase 쫓아가다	**ch**ick 병아리
di**sh** 접시	fi**sh** 물고기	**sh**ell 조개껍데기	**sh**out 소리치다

Story Reading

병아리가 물고기를 쫓아가요.

물고기는 빨리 헤엄쳐서, 병아리는 물고기를 잡을 수 없어요.

아이가 병아리를 쫓기 시작해요.
그는 소리쳐요, "병아리야, 나랑 놀자!"

아이가 벤치를 넘어서 병아리를 쫓아가요.
병아리는 물고기를 쫓아가요.

아이의 아빠가 아들을 쫓기 시작해요.
그는 소리쳐요, "점심 먹을 시간이야."

접시에 놓인 점심을 가지고, 아빠는 아이를 쫓아가요.
하지만 아이는 병아리를 쫓아가요.

P. 39

물고기가 조개껍데기 안으로 숨어요.
병아리가 쫓는 것을 멈춰요.

아이와 아빠도 쫓는 것을 멈춰요.
"오, 이런! 너의 점심과 내 접시가 엉망이 됐네!"

Answers

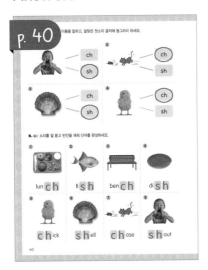

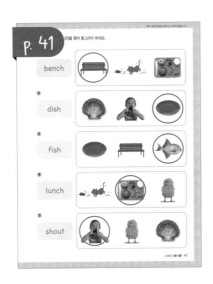

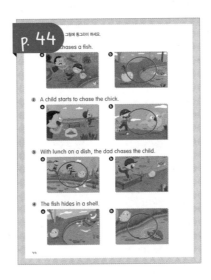

Unit 4 ● The Black Duck Is Sick

(검은 오리가 아파요)

Phonics Words

bla**ck** 검정색, 검정색의	clo**ck** 시계	du**ck** 오리	pa**ck** (짐을) 싸다
pi**ck** (꽃을) 꺾다	sa**ck** 자루	so**ck** 양말	tru**ck** 트럭

Story Reading

검은 오리가 아파요.
그는 감기에 걸렸어요.

검은 오리의 친구들은 자루에 선물을 싸요.

큰 자루를 가지고, 친구들은 트럭을 타고 검은 오리
의 집으로 가요.

검은 오리는 노크 소리를 듣고 문을 열어요.

"너를 위한 알람 시계야.
언제 약을 먹을지 알려면 시계가 필요해."

"너를 위한 양말이야.
양말이 너의 발을 따뜻하게 해줄 거야."

P. 51

"여기 꽃이 있어.
나는 항상 아픈 친구를 위해 꽃을 꺾어."

그의 친구들 덕분에, 검은 오리는 좋아졌어요.
그는 더 이상 아프지 않아요.

Answers

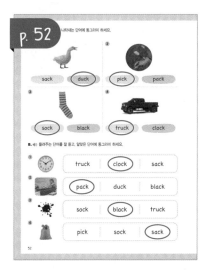

P. 52

나타내는 단어에 동그라미 하세요.

sack **(duck)** / pick **(pack)**

sock / black / **(truck)** / clock

B. 보기에 들려주는 단어를 잘 듣고, 알맞은 단어에 동그라미 하세요.

① truck **(clock)** sack
② **(pack)** duck black
③ sock **(black)** truck
④ pick sock **(sack)**

P. 53

사진을 찾아 동그라미 하세요.

① black
② clock
③ duck
④ pack
⑤ sock

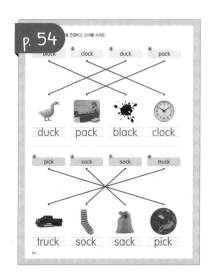

P. 54

을 연결하고, 단어를 쓰세요.

black / clock / duck / pack

duck / pack / black / clock

pick / sack / sock / truck

truck / sock / sack / pick

P. 55

알맞은 단어를 골라 빈칸에 쓰세요.

black sack clock pick sock

① The black duck's friends pack gifts in a **sack**
② The **black** duck hears a knock and opens the door.
③ "This alarm **clock** is for you."
④ "I always **pick** a flower for a sick friend."

P. 56

그림에 동그라미 하세요.

duck is sick. He has a cold.

❷ With their big sack, they go to the black duck's house by truck.

❸ "These socks are for you. Socks keep your feet warm."

❹ Thanks to his friends, the black duck feels better.

P. 57

보고 일이 일어난 순서대로 번호를 쓰세요.

The black duck hears a knock and opens the door.

"These socks are for you.
Socks keep your feet warm."

Thanks to his friends, the black duck feels better.
He is not sick anymore.

A black duck is sick.
He has a cold.

4 → 1 → 2 → 3

Unit 5 ● Let's Find Ants

(개미들을 찾자)

Phonics Words

find 찾다	pond 연못	sand 모래	wind 바람
ant 개미	elephant 코끼리	giant 거대한	tent 텐트

Story Reading

개미들을 찾을 수 있나요?

한 개미가 모래에 꽃을 심고 있어요.

다른 개미가 연못 근처에서 텐트를 치고 있어요.

또 다른 개미는 연못 위에서 바람을 느끼고 있어요.

오, 거대한 코끼리 위에도 또 다른 개미가 있네요!

코끼리 위에 있는 개미를 찾을 수 있나요?
힌트가 필요한가요?

개미가 코끼리 위에서 그의 친구와 놀고 있어요.

몇 마리의 개미를 찾았나요?

Answers

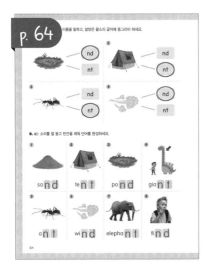

P. 64

이름을 말하고, 알맞은 끝소리 글자에 동그라미 하세요.

① → nd / **nt** ② → **nd** / nt
③ → nd / **nt** ④ → **nd** / nt

B. 소리를 잘 듣고 빈칸을 채워 단어를 완성하세요.

① sa**nd** ② te**nt** ③ po**nd** ④ gia**nt**
⑤ a**nt** ⑥ wi**nd** ⑦ elepha**nt** ⑧ fi**nd**

64

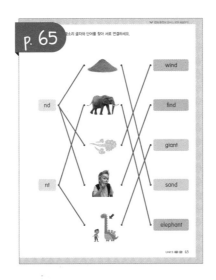

P. 65

끝소리 글자와 단어를 찾아 서로 연결하세요.

nd — wind, find, giant, sand, elephant
nt — wind, find, giant, sand, elephant

Unit 5 65

P. 66

넣고, 완성된 단어를 두 번씩 쓰세요.

① nd / **nt** po**nd** — pond
② nd / **nt** te**nt** — tent
③ **nd** / nt fi**nd** — find
④ **nd** / nt sa**nd** — sand
⑤ nd / **nt** elepha**nt** — elephant
⑥ nd / **nt** gia**nt** — giant
⑦ nd / **nt** a**nt** — ant
⑧ **nd** / nt wi**nd** — wind

66

P. 67

알맞은 단어를 골라 빈칸에 쓰세요.

giant sand ant wind tent

① Can you find the **ant**s?

② Another ant is putting a **tent** up near the pond.

③ And another ant feels the **wind** on the pond.

④ Oh, there's another ant on the **giant** elephant!

Unit 5 67

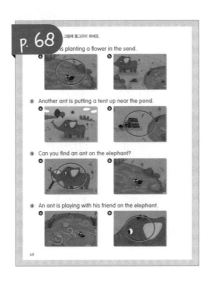

P. 68

그림에 동그라미 하세요.

① is planting a flower in the sand.

② Another ant is putting a tent up near the pond.

③ Can you find an ant on the elephant?

④ An ant is playing with his friend on the elephant.

68

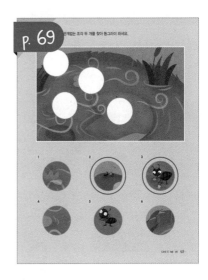

P. 69

다른 조각 두 개를 찾아 동그라미 하세요.

1 2 3
4 5 6

Unit 5 69

Unit 6 ● Beth Hates Moths
(베스는 나방을 싫어해)

Phonics Words

ba**th** 목욕	ma**th** 수학	mo**th** 나방	mou**th** 입
tee**th** 치아	**th**ree (숫자) 3	**th**roat 목, 목구멍	**th**row 던지다

Story Reading

베스가 방에서 수학을 풀어요.
그녀는 수학 세 문제를 풀어요.

바로 그때, 큰 나방이 그녀의 방으로 들어와요.

베스는 입을 벌려 소리 질러요, "으…! 나방!"

베스의 아빠는 나방을 잡아서 밖으로 던져요.

베스는 크게 울어서, 목이 아파요.

베스의 엄마는 베스에게 아픈 목을 위한 시럽 세 스푼을 줘요.

베스는 양치하고 목욕을 해요.

베스는 기분이 좋아져서, 수학 세 문제를 더 풀어요.

Answers

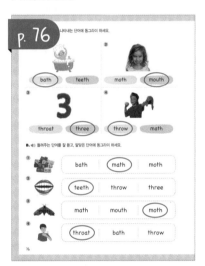

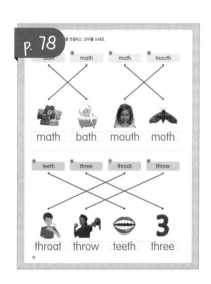

Unit 7 ● The Fast Snail

(빠른 달팽이)

Phonics Words

m**ai**l 우편	r**ai**n 비	sn**ai**l 달팽이	tr**ai**n 기차
gr**ay** 회색, 회색의	h**ay** 건초	l**ay** 알을 낳다	pr**ay** 기도하다

Story Reading

달팽이는 기차보다 빨랐어요.

기차보다 빠른 달팽이는 다른 동물들을 많이 도와주었어요.

돼지가 달팽이에게 벽을 회색으로 칠해달라고 부탁했어요.

암탉은 달팽이에게 알을 낳게 건초를 쌓아달라고 부탁했어요.

달팽이는 또한 마을에 많은 우편도 전달해 줬어요.

어느 날, 달팽이는 빗속에서 우편을 나르다 병이 났어요.

"우리는 네가 낫기를 기도해!"
동물들은 달팽이를 위해 기도해요.

그들이 기도하고 나자, 달팽이는 기차처럼 움직이지
않아요.

Answers

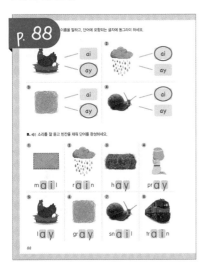

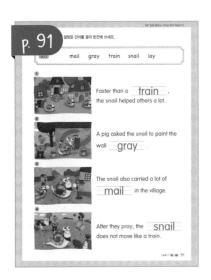

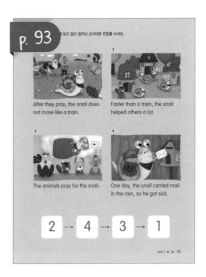

Unit 8 ● A Sheep Eats a Lot of Food

(양이 음식을 많이 먹어요)

Phonics Words

meat 고기	pea 완두콩	peach 복숭아	stream 시내, 개울
bee 벌	cheese 치즈	green 녹색, 녹색의	sheep 양

Story Reading

양이 초록 잔디밭에서 많은 음식을 먹어요.

양이 벌을 봐요.
"나도 좀 줄래?" 벌이 물어요.

양이 그녀의 고기와 치즈를 털 속으로 숨겨요.

양이 완두콩과 복숭아도 숨기자, 벌은 떠나요.

집으로 가는 길에, 양은 시내를 건너요.

양이 시냇물에 비친 자신을 바라봐요.

양은 털 속에 있는 고기와 치즈를 봐요.
양은 털 속에 있는 완두콩과 복숭아도 봐요.

양은 벌에게 미안해져서 벌과 음식을 나눠먹어요.

Answers

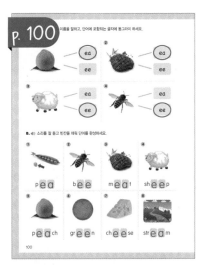

P. 100

P. 101

P. 102

P. 103

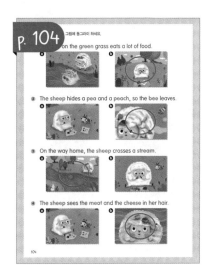

P. 104

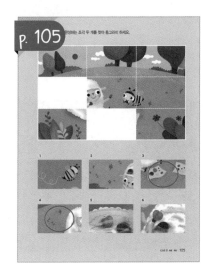

P. 105

Unit 9 ● A Mouse on a Mountain

(산에 사는 쥐)

Phonics Words

cloud 구름	couch 긴 의자, 소파	house 집	mouse 쥐
clown 광대	cow 암소, 젖소	frown 얼굴을 찡그리다	town 마을

Story Reading

쥐는 산에 살고, 소는 마을에 살아요.

소가 쥐를 마을에 있는 그녀의 집으로 초대해요.

소의 집에는 멋진 소파가 있어요.

그들은 광대의 마술 쇼도 봐요.

그날 밤, 소파에 앉은 쥐는 하늘을 봐요.

쥐는 구름과 별을 하나도 볼 수 없어서, 얼굴을 찡그려요.

P. 111

쥐는 산에 있는 그의 집이 그리워요.
"집에 가고 싶어."

쥐는 구름과 별을 다시 볼 수 있어요.
"나는 산에 있는 우리 집이 제일 좋아."

Answers

P. 112

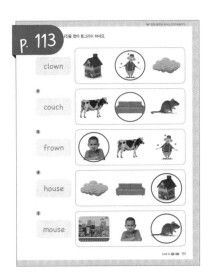

P. 113

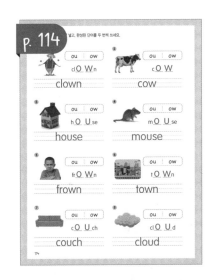

P. 114

P. 115

P. 116

P. 117

Unit 10 ● The Girl and the Purple Bird

(소녀와 보라 새)

Phonics Words

herb 약초	herd (동물) 떼	bird 새	girl 소녀
curl 곱슬머리	hurt 다치다, 아프다	nurse 간호사	purple 보라색, 보라색의

Story Reading

아름다운 곱슬머리의 소녀는 작은 보라 새를 봐요.

작은 보라 새가 다쳤어요.
소녀는 간호사처럼 새를 돌봐요.

소녀의 도움으로, 보라 새는 다시 날 수 있어요.

어느 날, 소녀가 넘어져요.
그녀는 무릎을 다쳐요.

새가 양 떼에게 약초를 찾아달라고 부탁해요.

양 떼는 약초를 찾아요.

새는 소녀에게 약초를 가져다줘요.

소녀가 무릎에 약초를 문질러요.
새 덕분에, 소녀의 무릎은 더 이상 아프지 않아요.

Answers

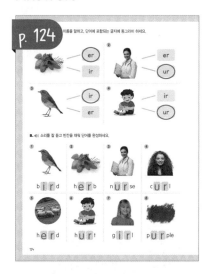

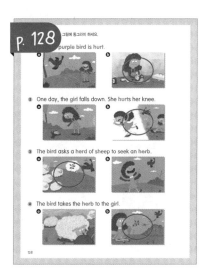

Unit 11 ● The Boy's Coin
(소년의 동전)

Phonics Words

b**oil** 끓이다	c**oin** 동전	**oil** 기름	s**oil** 흙
ann**oy** 짜증나다	b**oy** 소년	enj**oy** 즐기다	t**oy** 장난감

Story Reading

소년은 장난감을 살 금화를 가지고 있어요.

여우가 흙을 가리켜요.
"금화를 심어보렴. 너는 금화 나무를 기를 수 있어."

소년은 흙 속에 동전을 심어요.

다음 날, 소년은 동전이 흙 속에 없다는 것을 알게
돼요.

소년은 여우의 집으로 가요.
거기에서 여우는 저녁 식사를 즐기고 있어요.

소년은 짜증이 나요.
그는 찻주전자에 기름을 붓고, 기름을 끓여요.

22 Unit 11 **oi** **oy**

여우는 차를 즐기고 싶었지만, 뜨거운 기름을 마셔요.

여우는 도망가고, 소년은 그의 금화를 다시 찾아요.

Answers

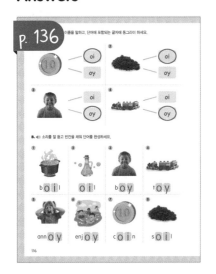

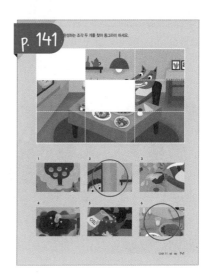

Unit 12 ● The Rooster's Magic Broom

(수탉의 마법 빗자루)

Phonics Words

book 책	broom 빗자루	foot 발	moon 달
roof 지붕	rooster 수탉	spoon 숟가락	wood 나무, 목재

Story Reading

수탉은 날고 싶어요.
그는 달로 날아가고 싶어요.

하지만 수탉은 지붕에서 계속 떨어져요.

어느 날, 수탉은 좋은 책을 발견해요.

그 책은 마법 빗자루를 만드는 방법에 대한 거예요.

그는 나무를 자르고 빗자루에 숟가락 두 개를 붙여요.

수탉은 그의 마법 빗자루를 가지고 지붕으로 올라가요.

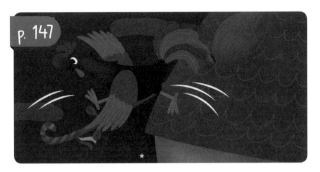

This is cool!

그는 지붕을 한 발로 힘껏 차고 높이 뛰어올라요.

수탉은 그의 마법 빗자루를 타고 달로 날아가요.
"와, 멋지다!"

Answers

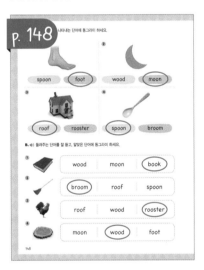

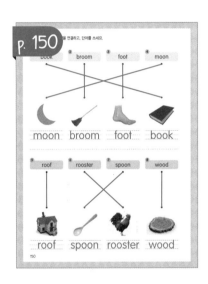

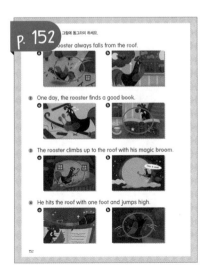

black 검정색, 검정색의

black

blue 파란색, 파란색의

blue

clap 손뼉 치다

clap

clock 시계

clock

plane 비행기

plane

plate 접시

plate

sleep 자다

sleep

sloth 나무늘보

sloth

brick 벽돌

brick

bridge 다리

bridge

crab 게

crab

crow 까마귀

crow

grass 풀, 잔디

grass

green 녹색, 녹색의

green

train 기차

train

trip 여행

trip

bench 벤치

bench

lunch 점심

lunch

chase 쫓아가다

chase

chick 병아리

chick

dish 접시

dish

fish 물고기

fish

shell 조개껍데기

shell

shout 소리치다

shout

black 검정색, 검정색의

black

clock 시계

clock

duck 오리

duck

pack (짐을) 싸다

pack

pick (꽃을) 꺾다

pick

sack 자루

sack

sock 양말

sock

truck 트럭

truck

find 찾다

find

pond 연못

pond

sand 모래

sand

wind 바람

wind

ant 개미

ant

elephant 코끼리

elephant

giant 거대한

giant

tent 텐트

tent

bath 목욕

bath

math 수학

math

moth 나방

moth

mouth 입

mouth

teeth 치아

teeth

three (숫자) 3

three

throat 목, 목구멍

throat

throw 던지다

throw

mail 우편

mail

rain 비

rain

snail 달팽이

snail

train 기차

train

gray 회색, 회색의

gray

hay 건초

hay

lay 알을 낳다

lay

pray 기도하다

pray

meat 고기

meat

pea 완두콩

pea

peach 복숭아

peach

stream 시내, 개울

stream

bee 벌

bee

cheese 치즈

cheese

green 녹색, 녹색의

green

sheep 양

sheep

cloud 구름

cloud

couch 긴 의자, 소파

couch

house 집

house

mouse 쥐

mouse

clown 광대

clown

cow 암소, 젖소

cow

frown 얼굴을 찡그리다

frown

town 마을

town

herb 약초

herb

herd (동물) 떼

herd

bird 새

bird

girl 소녀

girl

curl 곱슬머리

curl

hurt 다치다, 아프다

hurt

nurse 간호사

nurse

purple 보라색, 보라색의

purple

boil 끓이다

boil

coin 동전

coin

oil 기름

oil

soil 흙

soil

annoy 짜증나다

annoy

boy 소년

boy

enjoy 즐기다

enjoy

toy 장난감

toy

book 책

book

broom 빗자루

broom

foot 발

foot

moon 달

moon

roof 지붕

roof

rooster 수탉

rooster

spoon 숟가락

spoon

wood 나무, 목재

wood

Memo

파닉스 리딩을 왜 해야 하나요?

파닉스 단어들이 반복 등장하도록 스토리를 구성하였기 때문에

스토리를 듣고 따라 읽는 동안

파닉스 목표 음가를 집중 연습할 수 있습니다.

이 과정에서, 소리와 철자를 반복해서 접하여

자연스럽게 파닉스 규칙을 습득하게 됩니다.

본문 전체 듣기

부가자료 다운로드
www.gilbutschool.co.kr

• MP3 파일
• 스토리 받아쓰기 워크시트

시리즈 구성

❶권 알파벳 음가
❷권 단모음, 장모음
❸권 이중자음, 이중모음